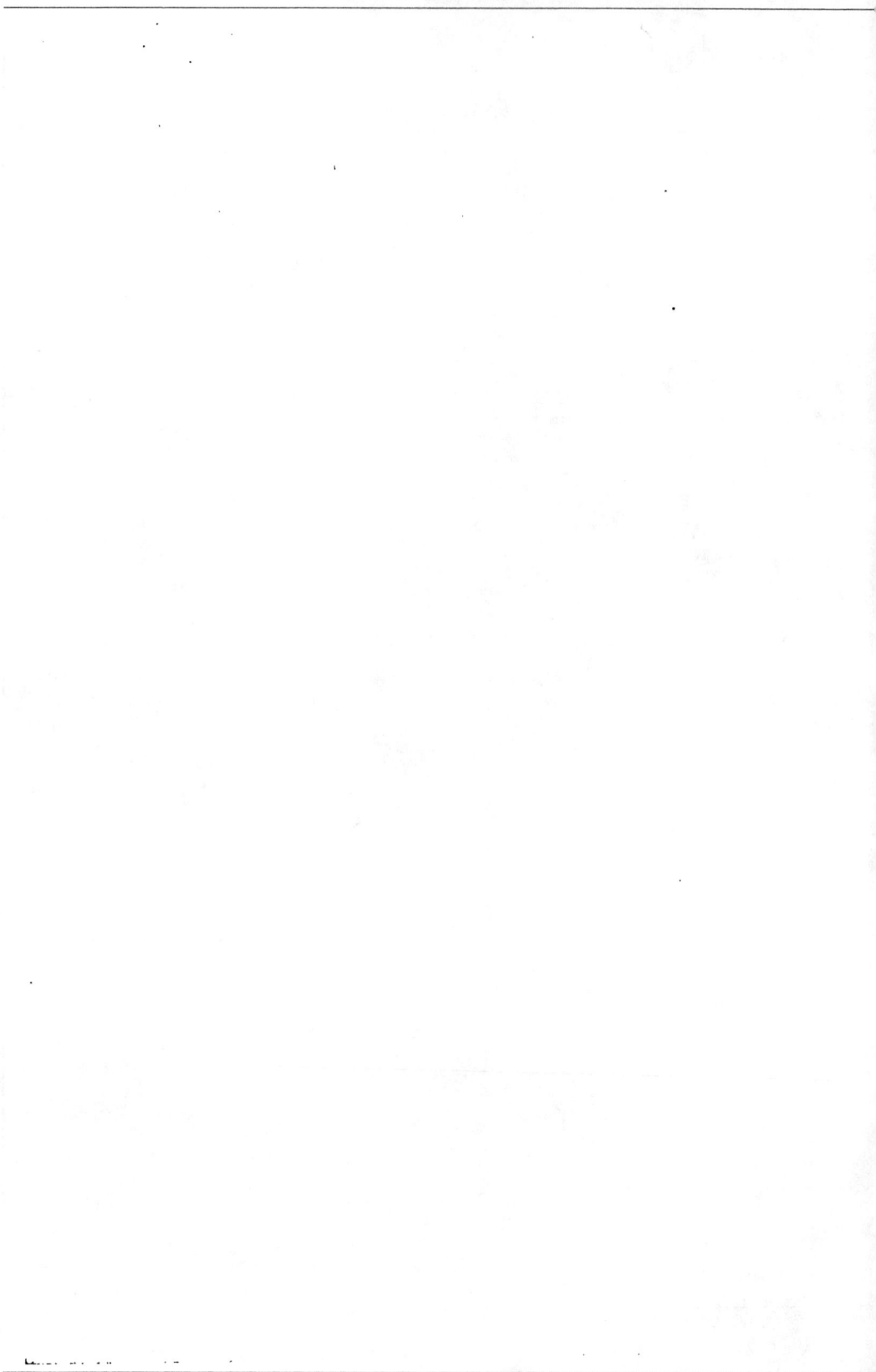

INSTRUCTION

POUR

LES SOUS-OFFICIERS

ET GENDARMES.

A PERPIGNAN,

Chez Tastu père et fils, imprimeur du ROI et de S. A. R.
Mgr. LE DUC D'ANGOULÊME,

1817.

ORDRE.

Messieurs les lieutenans, dans leurs tournées, examineront les sous-officiers et gendarmes sur la théorie suivante.

Ils feront exécuter, devant eux, les premières leçons de cette théorie.

Ils interrogeront les sous-officiers et gendarmes sur les diverses formules de procès-verbaux, et tiendront la main à ce qu'ils ne s'écartent point des modèles joints à la présente instruction.

Ils puniront sévèrement les sous-officiers qui ne se conformeraient point à ces modèles dans la rédaction des procès-verbaux, qu'ils leur feront recommencer.

MM. les lieutenans doivent exiger de leurs sous-officiers non-seulement qu'ils s'instruisent, mais encore qu'ils instruisent leurs gendarmes; sauf aux sous-officiers à punir leurs subordonnés, en rendant compte de leur mauvaise volonté.

A la suite des formules de procès-verbaux, se trouve la nomenclature des évènemens extraordinaires pour lesquels les sous-officiers ou gendarmes doivent, directement, et dans les 24 heures, rendre compte à leurs Excellences les Ministres de la guerre et de la police générale.

Le protocole d'usage envers les Ministres est joint également.

MM. les lieutenans ne négligeront rien pour que toutes

les parties de la présente instruction deviennent si fami-
lières aux sous-officiers et gendarmes, que ceux-ci
puissent répondre, sans hésiter, aux questions qui
pourraient leur être faites, et qu'ils puissent exécuter,
sans faute, les premières leçons de la théorie.

Perpignan, le 18 Novembre 1817.

Le Capitaine commandant la Gendarmerie
royale du département,

F. DE LA POMMERAYE.

INSTRUCTION

POUR

LES SOUS-OFFICIERS ET GÉNDARMES A CHEVAL.

Position de l'homme avant de monter à cheval.

LE cavalier se placera un pas en avant de son cheval, lui tournant le dos, les rênes passées dans le bras gauche, la droite croisée par-dessus la gauche. Il tiendra les rênes à pleine main, le poignet sur le creux de l'estomac, la main droite sur le côté, les talons sur la même ligne plus ou moins rapprochés, suivant la conformation naturelle ; les pieds un peu moins ouverts que l'équerre ; les genoux tendus sans les roidir ; le corps d'aplomb sur les hanches et un peu penché en avant ; les épaules effacées et également tombantes ; les coudes près du corps ; la paume de la main droite tournée un peu en-dehors ; le petit doigt le long de la couture de la culotte ; la tête droite sans être gênée ; le menton rapproché de la cravatte sans la couvrir, et les yeux fixés droit devant eux.

Monter à cheval.

Les cavaliers, placés devant leurs chevaux, et étant sur un rang, se compteront par quatre, en commençant par la droite.

On commandera :

Préparez-vous pour monter — A CHEVAL.

Un temps et six mouvemens.

1. Faire demi-tour à gauche, en élevant un peu la pointe des pieds.

2. Saisir de la main droite le bout des rênes, le pouce alongé entre les deux rênes, les ongles en dessous ; empoigner sur-le-champ les rênes de la main gauche, à six pouces de la bouche

du cheval, le pouce vis-à-vis la tête du cheval; les nombres pairs
(2 et 4) reculeront leurs chevaux de la longueur de quatre pas;
les nombres impairs ne bougeront point.

3. Elever la main droite et passer les rênes sur le cou du cheval,
en commençant par engager l'oreille droite, se servir de son pouce
pour séparer les deux rênes.

4. Faire deux pas en partant du pied droit, pour se placer vis-
à-vis l'épaule gauche du cheval; faire un à-gauche sur la pointe
du pied; reporter en même temps le talon droit à deux pouces du
gauche, sans abandonner les rênes.

5. Elever les rênes de la main droite de toute la longueur du
bras; laisser couler la main gauche sur le cou du cheval; passer
le petit doigt entre les deux rênes, et saisir une poignée de crins
avec les quatre autres doigts.

6. Abandonner le bout des rênes de la main droite pour abattre
l'étrier gauche, en suivant l'étrivière avec la main jusqu'au tenon,
pour qu'elle soit sur son plat; chausser le pied gauche dans l'étrier.

A — CHEVAL.

Un temps et deux mouvemens.

1. S'enlever de la jambe droite en appuyant le pied sur l'étrier
et la main droite sur le troussequin, sans tirer la selle à soi, le
corps restant droit.

2. Passer la jambe droite tendue par-dessus la croupe du cheval, sans la toucher, et se mettre légèrement en selle, en rappor-
tant la main droite sur la batte droite, le pouce en-dehors; abattre
l'étrier droit pour le chausser, et placer la main de la bride.

Si la troupe est sur deux rangs.

Au commandement : *Préparez-vous pour monter à cheval,*
les nombres impairs du premier rang (1 et 3) se porteront en
avant de la longueur de quatre pas, et feront ensuite leur mouvement préparatoire; les nombres pairs du second rang (2 et 4)
reculeront leurs chevaux de la longueur aussi de quatre pas, après
avoir fait le même mouvement : dans cette circonstance, quatre
rangs doivent être formés et alignés.

Au commandement : *Reprenez vos rangs,* les nombres impairs
élèveront les poignets, et tiendront les jambes près pour empêcher
la ruade; et les nombres pairs rentreront dans le rang sans à-coup.

Si la troupe est formée sur deux rangs, celui qui est devenu le troisième, lorsqu'on monte à cheval, attend que le quatrième soit rentré à sa place pour serrer à sa distance, qui doit être de deux pieds de la tête des chevaux du second rang à la croupe de ceux du premier.

De la position de l'homme à cheval.

La tête haute, aisée, d'aplomb et dégagée des épaules.

Les épaules tombantes et bien effacées, la poitrine saillante.

Les bras libres, les coudes tombant naturellement.

Les deux fesses portant également sur la selle, la ceinture en avant, les reins droits, fermes et bien soutenus; le haut du corps aisé, libre et droit, de manière que l'homme soit maintenu dans son assiette par son propre poids et par son équilibre.

Les rênes dans la main gauche, le petit doigt entre les deux rênes, et le pouce fermé sur la seconde jointure du premier doigt, pour les contenir égales; le poignet à la hauteur de l'avant-bras, les doigts en face du corps; le petit doigt plus près du corps que le haut du poignet; la main élevée à quatre pouces au-dessus de la selle et à six pouces du corps; la main droite tombant sur le côté.

Les cuisses, embrassant également le cheval, doivent être tournées sur leur plat, depuis la hanche jusqu'au genou, et ne s'alonger que par leur propre poids et par celui des jambes.

Le pli des genoux liant.

Les jambes libres et tombant naturellement.

La pointe des pieds tombant de même naturellement.

L'homme ainsi placé, son corps se trouvera, en quelque sorte, divisé en trois parties : deux mobiles, qui sont le haut du corps et les jambes; et une immobile, qui prend depuis le bas des reins et des hanches jusqu'au pli des genoux : c'est l'adhérence parfaite de cette partie immobile avec le cheval, qui forme l'assiette du cavalier.

Pour assurer la position de la partie immobile, le cavalier doit conserver le corps bien d'aplomb sur les reins, et relâcher ses cuisses et ses jambes.

Longueur des étriers.

Pour que les étriers soient au point convenable, il faut que le cavalier, lorsqu'il s'élève sur ses étriers, ait six pouces de distance entre l'enfourchure et la selle.

Position du pied dans l'étrier.

L'étrier ne doit porter que le poids de la jambe; le pied doit être chaussé jusqu'au milieu; le talon plus bas que la pointe du pied.

Ajuster les rênes.

On commandera :

Ajustez — VOS RÊNES.

Un temps et deux mouvemens.

1. Saisir les rênes avec le pouce et le premier doigt de la main droite, au-dessus et près du pouce gauche; élever perpendiculairement les rênes en coulant la main droite jusqu'au bouton, les derniers doigts ouverts, les ongles en avant, le coude un demi-pied plus bas que la main; entr'ouvrir les doigts de la main gauche, le pouce élevé, afin de pouvoir égaliser les rênes.

2. Fermer la main gauche, abattre avec la main droite les rênes sur le côté, et replacer la main droite.

Le premier de ces deux mouvemens s'exécutera après la première partie du commandement, et le second mouvement après le deuxième.

Principes d'alignement.

Les cavaliers doivent, pour s'aligner, raccorder leurs épaules sur celles de leurs voisins, du côté de l'alignement, et fixer les yeux sur la ligne des yeux des cavaliers de leur rang, du même côté; par conséquent, tourner la tête de ce côté, sans cesser d'être carrément sur leurs chevaux; sentir légèrement du genou le genou de leur voisin du côté de l'alignement, et tenir leurs chevaux dans le rang, afin qu'ils aient une direction parallèle. Les cavaliers du second rang observeront qu'indépendamment de l'alignement, ils doivent encore être exactement derrière leur chef de file, et dans la même direction que lui; ils conserveront toujours aussi deux pieds de distance entre la croupe du cheval du premier rang à la tête de leurs chevaux.

De la Marche.

A l'avertissement de *garde à vous*, chaque cavalier rassemble son cheval, et assure la main de la bride.

On commandera ensuite :

1. *Par deux* ou *par quatre.*

2. Marche.

Au second commandement, les deux ou quatre files de droite se porteront en avant, et seront suivies par les deux ou quatre files qui étaient à leur gauche, par le mouvement d'oblique à droite, et il en sera de même de toutes les autres files.

Si l'on voulait rompre par deux ou par quatre, la gauche en tête, on commanderait : *Par la gauche par deux* ou *par quatre,* Marche; alors les deux ou quatre files de la gauche se porteraient en avant; les premières seraient suivies de toutes les autres. Si on est dans le cas de marcher par un, ce mouvement s'exécutera par file, d'après les mêmes principes, chaque cavalier du second rang suivant immédiatement celui du premier rang, qui servira de chef de file dans toutes les circonstances.

Des formations.

La colonne marchant par quatre, la droite en tête, la former en avant à gauche, ou sur la droite en bataille :

On commandera :

Garde à vous.

1. *En avant, à gauche,* ou *sur la droite en bataille.*

2. Marche.

Si c'est en avant en bataille, au second commandement, les quatre premières files marcheront quinze pas en avant, et feront halte; toutes les autres files du premier peloton viendront successivement se former par le mouvement d'oblique à gauche, sur l'alignement des premières; les autres pelotons prendront une direction particulière pour venir se former à la gauche du premier, par les mêmes mouvemens qu'il a employés.

Si c'est à gauche en bataille, au second commandement, les quatre premières files feront une conversion à gauche, marchant quinze pas en avant, et feront halte; toutes les autres files exécuteront le même mouvement, pour se former successivement à la gauche des premières.

Si c'est sur la droite en bataille, au second commandement, les chefs de peloton commanderont : *Guide à droite.* Les quatre premières files feront une conversion à droite, se porteront quinze pas en avant et feront halte; toutes les autres files feront successivement les mêmes mouvemens, pour se placer à la gauche les unes des autres, ayant l'attention de ne tourner qu'à la hauteur du terrain qu'elles doivent occuper en bataille.

Si la colonne avait la gauche en tête, on exécuterait les mêmes mouvemens en sens contraire, et d'après les mêmes principes.

OBSERVATIONS.

Dans les mouvemens de la main, le bras doit agir en entier et librement, sans que l'épaule se roidisse, et sans communiquer de force au corps.

Le cavalier doit tenir les rênes courtes et les doigts bien fermés.

Rassembler son cheval.

Tenir les jambes près sans les fermer, et assurer la main.

Marcher.

Au commandement *Marche*, il faut fermer les jambes plus ou moins, suivant la sensibilité du cheval, baisser un peu la main, le poignet toujours soutenu.

Former un demi-temps d'arrêt.

Elever la main par degrés, les ongles en-dessus, jusqu'à ce que le cheval ralentisse son allure, et régler l'effet des jambes sur celui de la main, en les tenant toujours près du cheval.

Faire halte.

S'asseoir, se grandir du haut du corps, élever en même temps la main par degrés, les jambes près. Dès que le cheval aura obéi, relâcher les jambes et baisser la main.

Reculer.

Mêmes principes que pour arrêter, en observant d'avoir la main légère toutes les fois que le cheval obéit.

Cesser de reculer.

Avoir la main légère, les jambes près. Le cheval ayant obéi, relâcher la main et les jambes.

Tourner à droite.

Porter la main environ un demi-pied en avant, en la soutenant à droite, les ongles un peu tournés, les deux rênes égales. L'épaule du cheval étant déterminée, fermer la jambe droite, et avoir la main légère proportionnément à l'allure dont le cheval doit marcher.

Tourner à gauche.

Soutenir la main en avant et à gauche, le coude détaché du corps, et fermer la jambe gauche.

Appuyer à droite.

Soutenir la main en avant et à droite, les ongles un peu tournés, pour déterminer les épaules du cheval du même côté; fermer la jambe gauche pour faire suivre les hanches; la jambe droite près pour soutenir le cheval.

Appuyer à gauche.

Par les mêmes principes, en exécutant les mouvemens contraires.

Quand on marchera la droite en tête, on commandera : *Guide à gauche ;* et quand on marchera la gauche en tête, on commandera : *Guide à droite.* Les têtes seront toujours directes en marchant; mais dans l'un et l'autre cas, les cavaliers se régleront, pour la vitesse de l'allure, sur le côté du guide, et céderont à la pression qu'ils éprouveront de ce côté ; ils résisteront au contraire à la pression qu'ils éprouveront du côté opposé.

Dans les changemens de direction, les pivots observeront de tourner à la même allure ; l'aile marchante augmentera son degré de vitesse, sans cependant doubler l'allure, et ce sera sur elle qu'on s'alignera pendant la durée de la conversion.

Au commandement : *En avant,* qui doit terminer la fin de la conversion, les cavaliers replaceront les têtes directes.

Dans les changemens de direction, les pivots doivent toujours décrire un arc de cercle de cinq pas.

Ouvrir les rangs.

On commandera :

Garde à vous.

1. *En arrière*—OUVREZ VOS RANGS.
2. MARCHE.
3. *A droite*—ALIGNEMENT.
4. FIXE.

Au premier commandement, les cavaliers des ailes du second rang reculeront de la longueur de six pas.

Au second commandement, le premier rang ne bougera pas; le second reculera de la longueur de six pas, conservant la direction de ses chefs de file.

Au troisième commandement, les cavaliers du second rang s'aligneront à droite.

Au quatrième commandement, ils replaceront les têtes directes.

Inspection des armes.

Les rangs étant ouverts, on commandera :

Garde à vous.

*Inspection—*DES ARMES.

A ce commandement, les cavaliers feront haut le mousque-ton, *un temps et deux mouvemens.*

1. Saisir le mousqueton à quatre doigts au-dessus de la pla-tine, le tirer à soi pour le dégager de la botte, couler la main droite par-dessus la platine, pour le saisir à la poignée par-devant la courroie du porte-crosse.

2. Elever le mousqueton pour appuyer la crosse sur la cuisse, le bout haut et vis-à-vis l'épaule droite.

Passer l'arme à gauche.

Un temps et deux mouvemens.

1. Passer la crosse à gauche, entre les rênes et le corps, la platine en avant ; étendre le bras droit de toute sa longueur ; saisir l'arme de la main gauche, à quatre doigts au-dessus de la platine, le pouce sur le canon.

2. Passer la crosse le long de la fonte, saisir l'arme de la main droite, à un doigt du bout du canon, et dégager la ba-guette, la mettre dans le canon et la remettre en son lieu.

A mesure que l'Officier aura fait l'inspection de l'arme d'un cavalier, celui-ci fera *haut les armes.*

Un temps et deux mouvemens.

1. Elever l'arme de la main gauche, la saisir de la droite à la poignée ; passer la crosse entre les rênes et le corps, pour tenir l'arme horizontalement ou armes plates.

2. Elever l'arme de la main droite et la quitter de la gauche ; porter la crosse sur le plat de la cuisse, le bout en haut, et vis-à-vis de l'épaule droite.

Remettre l'arme en son lieu.

Baisser le bout du mousqueton, en portant la main un peu à droite ; engager la crosse dans la courroie, et faire entrer le bout du canon dans la botte.

Prendre le pistolet gauche.

Un temps.

Porter la main droite par-dessus les rênes, sur la crosse du pistolet gauche, le tirer de sa fonte et le placer dans la main gauche, en le tenant perpendiculaire à la poignée, la platine en avant.

Mettre la baguette dans le canon.

Un temps.

Tirer la baguette et la mettre dans le canon, l'élever et la laisser tomber à mesure que l'officier passera; remettre la baguette et le pistolet dans sa fonte, en le passant par-dessus les rênes.

Prendre et remettre le pistolet droit.

Mêmes mouvemens, observant de placer les doigts entre la crosse et la selle, les ongles en-dessous.

Mettre le sabre à la main.

On commandera:

Sabre—A LA MAIN.

Deux temps.

1. Porter la main droite par-dessus le bras gauche, passer le poignet dans le cordon, saisir le sabre à la poignée, pour dégager la lame du fourreau d'environ quatre doigts.

2. Tirer vivement le sabre et le porter; appuyer le dos de la lame contre l'épaule droite, le poignet appuyé sur le haut de la cuisse droite, le petit doigt derrière la poignée.

Dans les inspections, le cavalier présentera le sabre en trois temps, lorsque l'officier s'arrêtera devant lui.

1. Porter le sabre en avant, le bras demi-tendu, le pouce à la hauteur et à un demi-pied de distance du menton, le sabre perpendiculaire, le plat de la lame en avant, le tranchant à gauche, le pouce alongé sur le côté droit de la poignée, repassant le petit doigt en avant.

2. Tourner le poignet en dedans, pour présenter l'autre côté de la lame.

3. Reporter le sabre à l'épaule, dès que l'inspection en est faite.

Remettre le sabre.

On commandera:

Remettez—LE SABRE.

Deux temps.

1. Elever le sabre perpendiculairement, la pointe en haut, repassant toujours le petit doigt sur la poignée, toutes les fois qu'on

portera le sabre en avant, le pouce à hauteur et à un demi-pied de distance du menton.

2. Approcher le poignet près et vis-à-vis l'épaule gauche; baisser la lame de manière qu'elle passe en croix le long du bras gauche, la pointe derrière; la remettre dans le fourreau; replacer ensuite la tête directe, et ajuster les rênes.

Mettre pied à terre.

Les cavaliers étant sur un seul rang, on commandera:

*Préparez-vous pour mettre—*PIED A TERRE.

Un temps et deux mouvemens.

1. Les nombres pairs (2 et 4) reculeront leurs chevaux de la longueur de quatre pas.

Si la troupe est sur deux rangs, les nombres impairs du premier rang (1 et 3) se portent en avant de la longueur de quatre pas; et les nombres pairs (2 et 4) reculent leurs chevaux de la longueur également de quatre pas.

2. Les cavaliers saisiront une poignée de crin de la main gauche; la droite relèvera l'étrier droit, et viendra se placer sur la batte droite de la selle, les ongles en-dedans.

*Pied—*A TERRE.

Un temps et trois mouvemens.

1. S'enlever sur l'étrier gauche, passer la jambe droite tendue par-dessus la croupe du cheval sans la toucher, et rapporter la cuisse droite près la gauche, le corps bien soutenu.

2. Arriver à terre du pied droit, rapprocher le pied gauche à côté du droit; relever l'étrier gauche; la main droite saisira alors le bout des rênes et se posera sur le pommeau de la selle, la main gauche les saisira en même temps, à six pouces de la bouche du cheval.

3. Faire deux pas du pied gauche pour se trouver vis-à-vis la tête des chevaux; passer les rênes par-dessus la tête des chevaux, commençant par dégager l'oreille droite.

*Reprenez—*VOS RANGS.

Un temps et un mouvement.

A ce commandement, faire un demi-tour à droite en tournant le dos à son cheval; les nombres pairs remèneront leurs chevaux dans le rang avec la main gauche, qui se placera sur le creux de l'estomac, et la main droite sur le côté.

Défiler par la droite.

On commandera :

Par la droite—DÉFILEZ.

Un temps et cinq mouvemens.

1. Faire un demi-tour à gauche sur le talon gauche, en levant un peu la pointe des pieds.

2. Laisser tomber les rênes sur le bras gauche ; faire le mouvement de décrocher la gourmette et celui d'ouvrir la muserolle.

3. Saisir de la main droite les rênes à six pouces de la bouche du cheval, les ongles en-dessus.

4. Rapprocher la main gauche de la droite ; la passer entre les rênes pour la dégager, saisissant au-dessous de la main droite les rênes avec la main gauche, qu'on laissera couler jusqu'au bouton.

5. Faire un à-gauche, apportant la main gauche sur le côté, sans quitter les rênes.

MARCHE.

A ce commandement, partir du pied gauche.

Défiler par la gauche.

On commandera :

Par la gauche—DÉFILEZ.

Un temps et cinq mouvemens.

1. Faire un demi-tour à gauche en élevant la pointe des pieds.

2. Laisser tomber les rênes sur le bras gauche, faire le mouvement de décrocher la gourmette et celui d'ouvrir la muserolle.

3. Saisir de la main droite le bout des rênes sur le bras gauche.

4. Rapprocher la main gauche de la droite, en la dégageant des rênes ; les saisir de la main gauche, à six pouces au-dessous de la bouche du cheval, les ongles en-dessus.

5. Faire un à-droite ; laisser tomber la main droite sur le côté, sans quitter les rênes.

MARCHE.

A ce commandement, partir du pied gauche.

Etant à cheval, se former sur deux rangs.

On commandera :

1. *A droite*—SUR DEUX RANGS.

2. MARCHE.

Au premier commandement, le premier rang se portera quatre

pas en avant; le premier cavalier de l'aile droite du second rang fera à-droite, plaçant son cheval de manière que la croupe soit à hauteur du milieu de l'encolure du cheval qui était à sa gauche. Tous les autres cavaliers qui doivent composer le second rang, porteront la main à droite, et devant suivre la piste du premier, tourneront leurs chevaux en avançant.

Au second commandement, le premier cavalier du second rang, qui a fait à-droite, se mettra en mouvement, et sera suivi exactement par tous les autres.

Le premier cavalier se dirigera à quatre pas en arrière de la croupe du cheval du cavalier de droite du premier rang; et lorsqu'il y sera parvenu, il fera *front*. Ce dernier mouvement exécuté, il ralentira son cheval, afin d'arriver avec tranquillité à deux pieds de distance de son chef de file.

Tous les cavaliers exécuteront les mêmes mouvemens.

La place du lieutenant ou commandant de peloton est au centre de la troupe; la croupe de son cheval à un pas du premier rang.

Se reformer sur un rang.

On commandera :

1. *A gauche* — SUR UN RANG.

2. MARCHE.

Au premier commandement, le premier cavalier de l'aile gauche du second rang fera un à-gauche, et se placera de la même manière qui a été indiquée dans le mouvement précédent, pour le premier cavalier de la droite du rang.

Au second commandement, tous les cavaliers de ce rang suivront exactement le premier cavalier, après avoir fait un à-gauche.

Quand le tiers de ce rang sera en file, on fera les commandemens : *Front, halte, alignement.*

Au dernier commandement, le second rang s'alignera sur le premier.

De la marche circulaire ou de conversion.

On doit distinguer deux espèces de conversions; première conversion à pivot fixe, seconde conversion à pivot mouvant.

Dans toute espèce de conversion, le conducteur de l'aile qui tourne doit décrire son arc de cercle, de manière à ne pas faire trop ouvrir ni serrer les files; chaque cavalier du premier rang

doit mesurer l'étendue de son arc de cercle , d'après l'éloigne-
ment où il se trouve du pivot.

Tous ces différens arcs de cercle devant commencer et finir en
même temps , il est nécessaire que chaque cavalier marche d'une
allure plus alongée, en proportion de ce qu'il est plus éloigné
du pivot de la conversion.

Pendant toute la durée de la conversion , les cavaliers doivent
avoir la tête tournée du côté de l'aile marchante , afin de pouvoir
régler le degré de leur allure sur le sien.

Les cavaliers du premier rang porteront insensiblement la main
du côté du pivot, pour faire décrire à leurs chevaux la portion
du cercle qu'ils doivent parcourir.

Le principe dans toutes les conversions , lorsque les cavaliers
se séparent , est de rapprocher très-insensiblement , en gagnant du
terrain en avant et sans trop plier les chevaux.

Lorsque les cavaliers se serrent trop , ils doivent de même
s'ouvrir avec beaucoup de modération et en gagnant du terrain
en avant.

De la conversion à pivot fixe.

Dans les conversions à pivot fixe , ce pivot ne devant jamais
être jeté en-dehors, les cavaliers doivent résister à la pression qui
vient de l'aile marchante , et céder à celle qui vient du côté du
pivot.

Lorsque les cavaliers sont trop ouverts , ils doivent de même
se resserrer vers le pivot , mais avec la gradation expliquée ci-dessus.

Les ailes marchantes exécuteront ces sortes de conversions à
la même allure dont on marchait précédemment.

De la conversion à pivot mouvant.

L'objet du pivot mouvant doit être de dégager insensiblement
le point où commence le mouvement, et d'en abandonner le
terrain, en s'avançant ainsi par degrés dans la nouvelle direction.

Le conducteur de l'aile marchante doit, dans ce mouvement,
doubler l'allure et décrire son arc de cercle, de manière à ne
pas faire trop ouvrir ni serrer les files. Les cavaliers de chaque
rang, placés depuis le centre du rayon de la conversion jusqu'à
l'aile marchante, augmenteront progressivement leur allure, de
manière que ceux du centre conservent la même à laquelle ils
marchaient précédemment; les cavaliers placés depuis le centre

du rayon de la conversion jusqu'au pivot, diminueront leur allure dans la même progression.

A la fin d'une conversion à pivot mouvant, la portion de la troupe qui a augmenté son allure doit diminuer, et celle qui l'a diminuée doit l'augmenter : tous les cavaliers redresseront leurs chevaux ; l'aile qui converse et le pivot reprendront l'allure à laquelle on marchait précédemment.

Dans ces mêmes conversions, il faut toujours céder à l'impulsion qui vient de l'aile à laquelle se trouve le guide de la troupe, et résister à celle qui vient du côté opposé, soit que ce guide se trouve au pivot ou à l'aile qui converse.

Si les files viennent à s'ouvrir, les cavaliers doivent de même les serrer insensiblement vers le guide, avec l'attention de se redresser toujours à temps pour ne pas le forcer.

Dans toute espèce de conversion, pour conserver plus sûrement l'alignement, les brigadiers s'aligneront sur l'aile qui converse, sans avoir égard à l'alignement individuel.

Ecole de conversion par rang de pelotons.

On commence l'école de conversion par rang de pelotons à files ouvertes : on aura soin de placer un sous-officier ou un cavalier intelligent à chaque aile, et on commandera :

Garde à vous.

1. *En cercle à droite.*

2. MARCHE.

Au second commandement, les cavaliers tourneront tous la tête du côté de l'aile marchante : le sous-officier qui la conduit se mettra en mouvement au pas, ayant soin de mesurer de l'œil l'étendue de la portion de cercle qu'il doit décrire, pour n'occasionner ni ouvertures ni resserrement dans le rang.

La conversion continuera jusqu'à ce que l'on fasse le commandement *en avant;* auquel la troupe se portera en avant. On commandera ensuite : *Peloton, halte : à droite alignement, et fixe.*

Dès que le rang aura fait quelques conversions de suite au pas, on le fera passer au trot, choisissant l'instant où les chevaux seront le plus calmes : après quelques tours au trot, on se remettra au pas.

On fera exécuter à gauche les mêmes mouvemens que l'on a

faits à droite, en se conformant aux mêmes principes, par les moyens contraires.

On fera ensuite rapprocher les cavaliers botte à botte, ouvrir et serrer les files, en conversant au pas et au trot par les commandemens et les moyens prescrits à l'article précédent.

Ecole de conversion par pelotons.

On réunira les deux rangs de chaque peloton pour les faire converser en cercle. On emploiera les commandemens indiqués précédemment, et on commencera à files ouvertes.

A mesure que la troupe acquerra du calme, en conversant au pas et au trot, on exigera que les cavaliers se rapprochent et qu'ils marchent botte à botte, ainsi qu'on la fait dans les conversions par rang de pelotons : c'est alors qu'on expliquera plus particulièrement aux cavaliers du second rang, ce qu'ils ont à observer dans les conversions.

On fera ouvrir et serrer les files, comme il a été dit précédemment.

Les fautes étant un moyen d'instruction nécessaire pour apprendre à les réparer, lorsque les files sauront, dans les mouvemens de conversion, s'ouvrir et se serrer sans à-coup, on fera faire au pivot le mouvement irrégulier d'appuyer un peu sur son rang; alors les cavaliers se sentant serrés, apprendront à porter la main vers l'aile qui tourne, pour la faire céder à l'impulsion.

On fera ensuite, pendant la durée de la conversion, porter un peu le pivot du côté opposé à l'aile marchante, ce qui obligera les cavaliers à se rapprocher de lui.

D'autres fois, on prescrira au centre de la troupe de rester en arrière, ou de se porter en avant, afin d'accoutumer le brigadier-conducteur de l'aile marchante, à donner aux cavaliers du centre la facilité de reprendre l'alignement.

Les cavaliers s'étant affermis par les mouvemens en cercle aux principes de conversion, on leur fera exécuter, en marchant, la conversion à pivot fixe et à pivot mouvant, au pas et au trot.

Conversion à pivot fixe en marchant.

On commandera:

Garde à vous.

1. Peloton à droite ou à gauche, demi-tour à droite, ou demi-tour à gauche.

2. MARCHE.

3. *En*—AVANT.

Au second commandement, l'aile qui devra servir de pivot arrêtera : celle qui devra converser tournera à la même allure dont la troupe marchait précédemment.

A la première partie du 3.ᵉ commandement, le pivot se préparera à reprendre l'allure à laquelle la troupe marchait précédemment.

A la seconde partie du même commandement, les deux ailes se porteront en avant en même temps et à la même allure.

Conversion à pivot mouvant.

On commandera :

Garde à vous.

1. *Tournez*—A DROITE.

2. *En*—AVANT.

A la première partie du premier commandement, le pivot se préparera à ralentir son allure, et l'aile marchante à augmenter la sienne, de manière que la seconde partie du même commandement détermine le doublement de l'allure et de l'exécution de la conversion. Le pivot décrira un arc de cercle de cinq pas, pendant le temps que l'aile marchante emploiera à exécuter la conversion.

A la première partie du second commandement, le pivot se préparera à augmenter son allure, et l'aile marchante à ralentir la sienne, afin que la seconde partie de ce même commandement détermine la marche directe à l'allure dont la troupe marchait avant de converser.

On répétera le même mouvement à gauche, et l'on commandera :

Garde à vous.

1. *Tournez*—A GAUCHE.

2. *En*—AVANT.

Ces commandemens s'exécuteront d'après les mêmes principes.

Observations.

Chaque cavalier doit avoir attention de redresser son cheval à la première partie du second commandement, de manière à pouvoir se porter droit devant lui à la seconde.

Observations relatives aux conversions sur deux rangs.

Pour donner le principe de la conversion sur deux rangs, on expliquera aux cavaliers du second rang qu'au commandement de *marche*, ils doivent non-seulement porter la tete, mais encore la main du côté de l'aile marchante, afin que celle-ci puisse être en-dehors de la direction de son chef de file. Par conséquent, au moment où la conversion commencera, chaque cavalier exécutera individuellement un demi-à-droite ou demi-à-gauche.

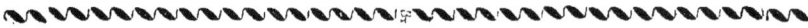

FAÇON DE SELLER ET DE DESSELLER UN CHEVAL.

Pour seller.

Les sangles étant, selon la règle, dessus la selle, les étriers aux porte-étriers, et la housse retroussée sur le troussequin, le cavalier saisira la selle avec la main gauche par l'arcade de l'arçon de devant; tenant de la même main la croupière par le culeron contre le pommeau, et prendra avec la droite l'arçon de derrière; ensuite il se présentera du côté du montoir vis-à-vis l'épaule du cheval, et s'en approchera avec précaution, surtout si c'est un jeune cheval, pour lui mettre la selle sur le dos. Lorsqu'elle est placée, il passera derrière le cheval, prendra la queue dont il tortillera le crin au bout du tronçon; après cela, en la tenant avec la main gauche, et prenant avec la droite la croupière, il tirera la selle en arrière pour passer la queue dans le culeron, ayant attention d'ôter le crin de dessous, afin qu'il ne blesse point le cheval; ensuite, il reviendra sur le côté, soulèvera la selle en la portant en avant; il commencera par passer la première sangle dans l'œillet du poitrail, et il la serrera en la poussant en avant; il serrera ensuite la seconde, mais moins fortement, parce que c'est celle qui contraint le plus la respiration. Enfin, il serrera le surfaix un peu plus fort pour affermir le tout. Cela fait, il mettra le poitrail, qui doit être placé au-dessous de la pointe de l'épaule, et avoir sa boucle devant et sur le milieu du poitrail du cheval.

Pour que la selle ne blesse pas le cheval, il faut la placer juste au milieu de son corps, de manière que l'arçon de devant soit au défaut des épaules et qu'elle porte également par-tout, à l'exception du garrot du cheval, dont elle doit être distante du travers de deux à trois doigts de l'arcade de l'arçon.

Il ne faut pas qu'elle touche sur l'épine du dos, ni sur le rognon ; par conséquent, l'arçon de devant etcelui de derrière doivent prendre juste le contour des côtés, car si l'arçon de devant est trop étroit des pointes, il sera vide aux mamelles, et blessera le cheval à l'endroit des pointes ; si, au contraire, l'arçon est trop large des pointes, la selle blessera aux mamelles. Lorsqu'une selle et trop large d'arçon, elle blesse le cheval au garrot, sur le dos et sur le rognon, c'est-à-dire, à l'endroit où elle le presse trop.

Quand un cheval est bas du devant, il faut lui donner une selle plus haute du devant qu'à l'ordinaire, et qui ait les panneaux peu rembourrés du derrière.

Pour desseller.

Le cavalier commencera par mettre les étriers aux porte-étriers, si on ne l'a pas fait après avoir mis pied à terre ; il débouclera ensuite le poitrail, le surfaix, et ôtera la première sangle de l'œillet de la martingale, ensuite la seconde, et poussera la selle en arrière ; relevera la housse sur le troussequin, ôtera la queue de la croupière, et se mettra vis-à-vis les sangles, prenant la croupière avec la selle de la même manière qu'il a fait pour la mettre sur le dos du cheval. Cela fait, il la soulevera un peu sur le dos, la tirant à soi, en la soutenant contre son corps avec la main gauche, qu'il poussera en-dessous des longes, entre les panneaux ; et avec la main droite, il prendra les sangles qu'il mettra sur la selle, si elles sont propres : dans le cas contraire, rien ne serait relevé qu'après les avoir nettoyées.

Le cavalier replacera ensuite la selle à l'endroit désigné.

Façon de brider le cheval.

Pour brider un cheval, le cavalier doit se placer du côté du montoir vis-à-vis de l'œil, et passer les rênes de la bride dans le bras gauche, afin qu'elles se trouvent plus facilement sur leur plat ; il prendra après la têtière par le dessus de tête avec la main droite en passant le bras par-dessus la tête entre les oreilles ; et avec la main gauche, il prendra le filet et le mors par-dessus la bossette, et avec le pouce, il appuiera sur la barre pour faire ouvrir la bouche du cheval, dans laquelle il mettra le mors et le filet tout ensemble.

Il fera passer les oreilles entre le frontal et le dessus de tête, qu'il mettra à sa place, en commençant par engager l'oreille droite, et retirera ensuite le toupet de dessous : il placera le frontal du licol sous celui de la bride, serrera la muserole et ensuite la sougorge, mettra la gourmette, observant que le crochet et l'esse se trouvent en-dessous des côtés de l'embouchure du filet. Pour mettre la gourmette bien sur son plat, il faudra d'abord examiner si le crochet et l'esse tombent bien au bas du banquet par-derrière le mors ; après quoi, il faudra passer les doigts de la main gauche par-dessus l'œil du mors, et avec le premier doigt et le pouce de la même main, prendre le crochet, saisir ensuite la gourmette de la main droite qu'on fera couler jusqu'à la deuxième petite maille, observant que les joints ou bout des mailles se trouvent en-dedans ; et avec le pouce et le premier doigt de la main droite, on la mettra au crochet par-dessous les deux côtés du filet, à cette deuxième maille.

La gourmette ne doit pas être trop longue, parce que le mors ferait la bascule, et la gourmette ne ferait plus d'effet sur la barbe ; elle ne doit pas être trop courte, parce qu'elle en ferait trop et pourrait écorcher le cheval. L'un et l'autre de ces inconvéniens dépendent souvent de la façon dont le mors est placé. Est-il trop haut ? la gourmette devient trop courte. Est-il trop bas ? elle devient trop longue. Il faut, pour règle générale, que le mors étant en place, l'embouchure soit environ un pouce au-dessus du crochet d'en-bas ; mesuré vers le milieu du canon, pour que la gourmette soit à sa vraie place, elle doit reposer au creux que forme le menton du cheval, appelé la barbe, sur laquelle elle agit lorsqu'elle est placée : on doit faire agir le mors pour voir si elle ne sort point de sa place dans le temps que l'œil et les branches font leur effet, et regarder si les joints ou bouts des mailles paraissent : si on ne les voit pas à l'extérieur, ce sera une marque qu'elle sera sur son plat.

La gourmette placée , il faut voir si la liberté de la langue ne touche point au palais , ou si elle ne presse pas la langue , deux inconvéniens assez ordinaires , sur-tout quand , dans le premier , le cheval a le palais épais et charnu ; et dans le second , quand il a la langue grosse. L'un et l'autre de ces défauts se reconnaissent en regardant dans la bouche du cheval , et en poussant douce-ment les branches avec la main vers le poitrail. Le cheval alors donne des coups de tête , ou fait quelques autres mouvemens , pour éviter la douleur que l'embouchure lui cause sur le palais quand elle y touche , ou qu'elle presse trop la langue et la lui fait tirer dehors.

Façon de débrider le cheval.

Pour débrider le cheval , il faut commencer par défaire la gourmette , si on ne la pas fait en mettant pied à terre , ouvrir la muserolle , défaire la sougorge et avancer les rênes de la bride et du filet sur la têtière qu'on pousse par-dessus les oreilles pour l'ôter de la tête du cheval , évitant d'entraîner le licol. Pour sus-pendre la bride à la place où on veut la mettre , on passe les rênes de la bride et du filet dans le frontal ; celles de la bride par-devant la têtière et par-derrière le frontal , et celles du filet par-dedans.

FORMULES

DES DIFFÉRENS PROCÈS-VERBAUX

A dresser par la Gendarmerie Royale.

PREMIÈRE FORMULE.

PROCÈS-VERBAL *pour constater l'état d'un cadavre trouvé soit sur un chemin, soit dans la campagne, soit sur le bord de l'eau.*

Cejourd'hui (*le jour, le mois et l'année*), heure de (*l'heure du matin ou du soir*), nous (*relater ici les noms et grades des gendarmes présens*), gendarmes de la résidence de (*la résidence*); en faisant notre tournée, (*si les gendarmes marchent en vertu d'une réquisition quelconque, ou sur l'ordre particulier de leurs supérieurs, ou s'ils ont été appelés par la clameur publique, il faudra le dire et supprimer alors la phrase commençant ainsi,* en faisant notre tournée), nous nous sommes rendus à (*indiquer le lieu, la commune et le canton*); où étant arrivés nous avons trouvé (*décrire ici en détail le cadavre, ses habillemens, son signalement et sa taille présumée, les plaies qui sont apparentes sur les différentes parties de son corps, ce qui est trouvé dans ses poches ou auprès de lui, les instrumens du crime déposés près, ou loin de lui; dire s'ils sont ensanglantés; detailler les traces, les pas qui seront remarqués, enfin tout ce qui peut contribuer sur-le-champ ou par la suite à faire connaître l'individu, le genre de sa mort, et ceux qui l'auraient homicidé; si le cadavre a été trouvé dans l'eau ou bien hors de l'eau, il faudra le dire*). Nous avons aussitôt fait avertir M. (*le nom de l'officier*), lieutenant (*ou* capitaine) de la gendarmerie de l'arrondissement le plus voisin, et l'avons invité à se transporter sur les lieux pour être présent aux opérations

4

qui seront faites par le commissaire de police ou par l'officier. de police judiciaire, et de suite nous avons fait inviter le juge de paix du canton (*en cas d'absence du juge de paix, c'est le commissaire de police ; les agens municipaux ou leurs adjoints sont commissaires de police dans les communes au-dessous de cinq mille âmes*) de venir constater avec un officier de santé, suivant les dispositions du code des délits et des peines, l'état de l'individu mort, la nature et les causes de sa mort.

Et lesdits juge de paix (*ou* commissaire de police) et officier de la gendarmerie étant arrivés, nous avons clos le présent procès-verbal, qui sera remis à qui de droit, et dont un extrait sera adressé au capitaine de la gendarmerie.

(*Signatures des sous-officiers et gendarmes*).

Nota. Si l'officier de la gendarmerie avait une commission *ad hoc* du juge d'instruction, il agirait alors suivant l'art. 145 du code des délits et des peines ; sinon, il sera près du commissaire ou l'officier de police judiciaire pour agir et faire agir sa troupe au besoin.

2.ᵉ FORMULE.

PROCÈS-VERBAL *pour constater un incendie, un vol avec effraction, ou tout autre délit laissant des traces après lui.*

Cejourd'hui (*la date, le mois et l'année*), heure de (*l'heure du matin ou du soir*), nous (*relater ici les prénoms, noms et grades des gendarmes présens*), gendarmes à la résidence de (*la résidence*), en faisant notre tournée, [*ou bien* sur la clameur publique ; — *ou bien* allant à (*indiquer le lieu où allaient les gendarmes*) en vertu d'une réquisition légale — *enfin il faut indiquer le motif du transport*] nous nous sommes rendus à (*ou bien*) nous sommes arrivés à (*indiquer le lieu, la commune et le canton*), où étant, nous (*si le délit de vol avec effraction a été commis dans une maison, il faudra indiquer sa situation, son numéro si elle en a un, le nom de la rue et celui du propriétaire ; décrire successivement les chambres dans lesquelles on entre ; constater la situation des lieux, les fractures des portes, des croisées, des armoires et des commodes, la situation des serrures et ferremens ; décrire les effractions extérieures, ce qui peut faire penser qu'il y a eu esca-*

lade intérieure ou extérieure ; déterminér la grandeur des pas des délinquans, si leurs pas sont empreints quelque part, indiquer l'espèce de leur chaussure, désigner les instrumens qui ont servi au délit ; recueillir et joindre au procès-verbal les pièces de conviction qui ont été laissées sur les lieux, et qui peuvent par la suite ou sur-le-champ faire reconnaître les coupables, etc. — Si c'est un incendie, il faudra indiquer clairement la chose incendiée, sa situation, le nom du propriétaire, l'instant où elle a pris feu, celui où le feu a cessé, les causes apparentes de l'incendie, les objets brûlés, ceux qui ont été épargnés, etc. — Si c'est tout autre délit laissant des traces permanentes, il faudra décrire ces traces, sur-tout celles qui, par le temps, pourraient s'effacer; en un mot, on suivra les erremens donnés pour les deux cas qui précèdent, et ceux indiqués dans la formule.

Si la gendarmerie est entrée dans une maison pendant la nuit, le procès-verbal fera mention expresse de la réclamation venant de l'intérieur de cette maison, et demandant secours ou protection.

Nous avons de suite fait inviter le juge de paix du canton (si, dans le vol avec effraction ou dans l'incendie, il y avait des cadavres, il faudrait faire avertir l'officier de la gendarmerie le plus voisin, et en faire mention dans le procès-verbal, en suivant la partie de la formule précédente relative à cet objet; — en cas d'absence du juge de paix, c'est le commissaire de police) de venir constater (s'il y a des individus morts, on mettra, avec un officier de santé) le délit présumé dont il s'agit (et s'il n'y a pas de délit présumé), de venir constater le fait et ses circonstances.

Et ledit juge de paix (ou son commissaire de police) étant survenu, nous avons clos le présent procès-verbal, qui lui sera remis, et dont un extrait sera adressé au capitaine de la gendarmerie royale.

(*Signature des sous-officiers et gendarmes.*)

3.ᵉ FORMULE.

PROCÈS-VERBAL *d'exécution d'un mandat d'arrêt.*

Nota. Si les gendarmes exécutent eux-mêmes un mandat d'arrêt, ils dresseront le procès-verbal suivant :

Cejourd'hui (*la date, le mois et l'année*), heure de (*heure du matin ou du soir*), nous (*les noms, prenoms, grades et lieu de résidence des gendarmes*), nous nous sommes transportés à (*le nom de celui qui est frappé d'un mandat d'arrêt*), auquel, parlant à sa personne, nous avons signifié le mandat d'arrêt dont nous étions porteurs, et après lui en avoir donné lecture et lui en avoir remis une copie, nous l'avons saisi et arrêté au nom du Roi, et l'avons conduit de suite à la maison d'arrêt de la commune de (*le nom de la commune*), où étant arrivés, nous l'avons écroué sur les registres de la geôle, en y inscrivant tout au long le mandat d'arrêt décerné contre lui, et nous l'avons laissé à la charge et garde du concierge. Fait à (*le lieu*), les jour, mois et an que dessus.

(*Signatures des gendarmes.*)

Nota. S'il est nécessaire de prendre quelques mesures de précaution pour parvenir à s'emparer du prévenu, on citera sommairement ces mesures dans l'endroit de la formule où l'on parle de transport dans le domicile de l'individu à arrêter.

OBSERVATION.

Les gendarmes qui ont ainsi mis à exécution un mandat d'arrêt, tirent du concierge de la maison d'arrêt un reçu de la personne du détenu : s'ils ont des pièces à remettre au greffe du procureur du Roi, ils les remettent, et tirent pareillement un reçu du greffier; ensuite ils font viser dans le jour l'un et l'autre de ces reçus par le procureur du Roi, et, dans les trois jours suivans, ils les remettent à l'officier de police judiciaire qui a décerné le mandat. (*Art.* 133 *du code des délits et des peines.*)

4.ᵉ FORMULE.

PROCÈS-VERBAL *d'exécution d'un mandat d'arrêt, lorsque le prévenu n'a pas été saisi.*

Cejourd'hui (*la date, le mois et l'année*), heure de (*l'heure du matin ou du soir*), nous (*les noms, prénoms et grades des gendarmes*), gendarmes à la residence de (*le lieu de la rési-dence*), nous nous sommes transportés à (*le lieu du transport*), dans le domicile de (*le nom de celui qui est frappé du man-dat*), où étant entrés et parlant à (*indiquer la personne*), nous avons demandé où était ledit [*répéter le nom du prévenu*] : on a répondu qu'il était absent depuis [*l'époque de l'absence*] et qu'il était allé à [*le lieu où il a dû aller*]. Perquisition faite de sa personne, nous ne l'avons pas trouvé; nous avons de suite fait appeler [*indiquer le nom des deux individus appelés*] deux des plus proches voisins du prévenu, en présence desquels nous avons répété les interpellations et recherches ci-dessus dé-taillées, et dressé le présent procès-verbal pour servir et valoir au besoin. Lesdits individus [*répéter le nom des témoins*] ont signé avec nous après lecture, et de ce interpellés [*si les témoins ne savent pas ou ne veulent pas signer, on en fait men-tion*].

Fait à (*le lieu*), les jour, mois et an que dessus.

(*Signature des témoins et gendarmes.*)

Nota. Ce procès-verbal sera en outre visé par le maire du lieu, ou par son adjoint; on le remet ensuite au juge de paix qui a décerné le mandat.

Conduite *de prisonniers de brigade en brigade.*

5.ᵉ FORMULE.

Procès-verbal *de conduite et de dépôt dans la maison d'arrêt.*

Cejourd'hui [*la date, le mois et l'année*], heure du [*l'heure du matin ou du soir*], nous [*les noms, prénoms et grades des gendarmes*], gendarmes à la résidence de [*le lieu de la rési-dence*], en vertu d'une réquisition écrite, donnée le [*la date de la réquisition*], à [*le nom de l'officier de gendarmerie*], par [*le nom et la qualité du fonctionnaire public requérant*], et sur les ordres de M. [*indiquer le nom et le grade du com-mandant de la brigade ou des brigades*], nous nous sommes transportés à la maison d'arrêt de cette commune, où étant et parlant au concierge, nous l'avons sommé, au nom du Roi, de nous remettre la personne de [*indiquer le nom du détenu*], pour être conduit, de brigade en brigade, à [*le lieu de la des-*

tination] : nous avons ensuite donné audit concierge communication et lecture des ordre et réquisition dont nous étions porteurs, et nous en avons fait la transcription en marge de l'écrou du détenu, afin de servir de décharge de la garde de sa personne ; le gardien aussitôt nous a remis entre les mains le nommé [*le nom, l'âge et le signalement*], lequel a été conduit par nous, avec toutes les précautions et attentions convenables, à [*le lieu de la brigade suivante*], où il a été déposé à la maison d'arrêt, écroué par nous soussignés, et laissé à la garde et charge du concierge, après avoir aussi transcrit sur le registre de la geôle l'ordre de transférement, et avoir retiré un reçu de la personne du détenu.

Fait à (*le lieu où se fait le procès-verbal*), les jour, mois et an que dessus.

(*Signature des gendarmes.*)

Nota. Les gendarmes vont ensuite trouver le commandant de la gendarmerie du lieu où est située la maison d'arrêt dans laquelle ils viennent de déposer le prévenu, et lui remettent toutes les pièces qu'ils sont chargés de lui remettre; ensuite ils lui font viser leur procès-verbal et le reçu du geôlier.

Si les gendarmes ont éprouvé des difficultés, s'ils ont été attaqués, si on leur a enlevé le prisonnier, ils en font mention dans leur procès-verbal, et opèrent en conséquence les changemens convenables dans la dernière partie de ce procès-verbal, où on lit, LEQUEL A ÉTÉ CONDUIT *, etc. — Les gendarmes qui craignent d'être attaqués, doivent faire toutes les dispositions à l'instant de leur départ, et demander main-forte au besoin.*

6.ᵉ F O R M U L E.

PROCÈS-VERBAL *pour constater les renseignemens recueillis par les gendarmes sur les crimes et les délits publics.*

Cejourd'hui [*la date, le mois et l'année*], heure de [*l'heure du matin ou du soir*], nous [*les prénoms, noms et grades des gendarmes*], gendarmes à la résidence de [*le lieu de la résidence*], en faisant notre tournée [*si la démarche des gendarmes a un autre motif, il faudra en faire mention*], nous nous sommes rendus à [*le lieu*]; et étant arrivés [*soit chez tel, soit*

au lieu dit] [*le nom particulier du canton*], nous avons appris [*détailler clairement et avec précision ce que l'on a appris*] :
nous avons ensuite entendu le S.ᵀ [*le prénom, le nom, l'âge,
l'état et la demeure du déclarant*], lequel nous a assuré que
[*relater sommairement la déclaration; — si l'on entend plusieurs personnes, il faudra ajouter ainsi successivement leurs dé-
clarations*]. [*A la fin de chaque déclaration on mettra :*
Lecture à lui faite de sa déclaration, il a dit qu'elle contenait
vérité ; et la signée avec nous. — *Si le déclarant ne sait pas
signer, on mettra :* et a déclaré ne savoir signer, de ce interpellé.]   (*Signatures.*)

7.ᵉ FORMULE.

PROCÈS-VERBAL *de saisie d'une personne en flagrant délit ou
poursuivie par la clameur publique.*

Cejourd'hui [*la date, le mois et l'année*], heure de [*l'heure
du matin ou du soir*], nous (*les prénoms, noms et grades
des gendarmes*), gendarmes à la résidence de [*le lieu de la résidence*] en faisant notre tournée, étant parvenus à [*indiquer
le lieu particulier, la commune et le canton*], nous avons remarqué un individu [*ou plusieurs*] qui [*détailler ce que l'individu aperçu paraissait faire, s'il était poursuivi par la clameur
publique, s'il fuyait*] : nous nous sommes aussitôt approchés de
lui, et considérant qu'il était en contravention à la loi, nous nous
sommes assurés de sa personne (*s'il a tenté de fuir ou s'il a
résisté, il faudra en faire mention*). Nous nous sommes ensuite
occupés de constater les faits : nous avons en conséquence remarqué [*si l'individu est porteur d'armes quelconques, il faudra
en faire mention ; dire si elles sont ensanglantées, si le prévenu a voulu s'en servir au moment où il a été saisi, s'il s'en
est servi ou paraît s'en être servi précédemment pour commet-
tre le délit ; détailler ce délit et toutes ses circonstances princi-
pales, en recueillir les traces, sur-tout celles qui peuvent s'effacer facilement ; réunir soigneusement les pièces de conviction,
etc.*] après quoi nous avons conduit devant le juge de paix du
canton (*s'il s'agit d'un meurtre, d'un assassinat, d'un attentat
à la sûreté des citoyens, d'une rebellion, il faudra mettre* devant
le procureur du Roi), le particulier saisi, lequel nous a déclaré

s'appeler [*les prénoms, nom, âge, état et domicile du prévenu*].
Etant arrivés à (*la commune*), chez le juge de paix du canton
de (*le lieu du canton*) [ou chez le procureur du Roi de l'arrondissement de (*le nom de l'arrondissement*)], nous lui avons
remis la personne dudit (*répéter le nom du prévenu*), ainsi
que les pièces de conviction au nombre de (*le nombre*); savoir,
(*détailler les pièces*); et après lui avoir indiqué pour témoins
à entendre les sieurs (*désigner les noms et demeures des personnes qui peuvent déposer*), nous avons clos le présent procès-
verbal, qui lui a été remis; et dont un extrait sera adressé au
capitaine de la gendarmerie royale du département.

Fait à (*le lieu où se fait le verbal*), les jour, mois et an
que dessus.

(*Signatures.*)

Nota. Si le délit était grave, il faudrait terminer le procès-verbal comme
l'indique la fin de la formule n.° 2, et faire en conséquence prévenir le
juge de paix du canton, ou le commissaire de police de la commune où
le délit a été commis, afin qu'il se rende sur les lieux pour constater les
faits et leurs circonstances.

8.ᵉ FORMULE.

Procès-verbal *d'un flagrant délit, lorsque le prévenu ne peut
pas être saisi.*

[*Suivre la formule précédente, jusqu'à ces mots :* NOUS NOUS
SOMMES ASSURÉS DE LA PERSONNE DE, *exclusivement*], nous
avons cherché à nous assurer de sa personne, mais n'avons pu
y parvenir, par la raison [*dire ici la raison pour laquelle le
prévenu n'a pu être saisi*]; mais nous avons remarqué que l'individu qui fuyait [*ou que nous n'avons pu saisir*], était le nommé [*dire le nom, s'il a été reconnu*], [*ou bien* était vêtu, etc.,
de la taille d'environ etc. (*donner le plus clairement possible
son signalement, et indiquer la couleur et la forme de ses habits,
s'il n'a pas été reconnu*)]. Nous nous sommes ensuite occupés,
etc. [*comme dans la formule précédente jusqu'à ces mots :* après
quoi nous avons conduit, etc. *exclusivement*]; après quoi nous
avons cherché à connaître le nom et la demeure du prévenu,
et les sieurs [*les noms et demeures des déclarans*] qui l'ont
rencontré (*ou* qui l'ont vu fuir), nous ont déclaré avoir vu

[*ou* rencontré] le nommé [*le nom de la personne rencontrée*].
[*Si les individus qui ont vu ou rencontré le prévenu ne l'ont
pas reconnu, ils diront ce qu'ils ont remarqué dans son signalement, et le procès-verbal en fera mention.*] De tout ce que
dessus nous avons dressé le présent procès-verbal pour être remis
au juge de paix du canton de (*le nom du canton dans l'étendue
duquel le délit a été commis*), et dont un extrait sera adressé
au capitaine de la gendarmerie du département.

Fait à (*le lieu où se fait le procès-verbal*), les jour, mois
et an que dessus.

(*Signatures.*)

Nota. Si le délit était grave, au lieu de terminer le procès-verbal par
ces mots , *de tout ce que dessus , nous avons* , etc. il faudrait le terminer
par ceux-ci qu'on lit à la fin de la première formule : *Nous avons de suite
fait inviter le juge de paix du canton* , etc. jusqu'à la fin de ladite formule,
et agir en conséquence.

Nota. Les deux précédentes formules peuvent servir dans le cas de saisie
pour fraude des droits sur les douanes, ou de saisies des marchandises prohibées.

9.ᵉ FORMULE.

PROCÈS-VERBAL *d'arrestation d'un individu sans passeport, ou
porteur d'un faux passeport, ou dont le passeport ne serait
pas en règle, ou qui refuserait de l'exhiber.*

Cejourd'hui (*la date, le mois et l'année*), heure de (*l'heure
du matin ou du soir*), nous (*les prénoms, noms et grades
des gendarmes*), gendarmes à la résidence de (*la résidence*)
faisant notre tournée, et étant parvenus à (*le lieu où les gendarmes sont parvenus*), [*ou bien* étant parvenus à (*le lieu particulier*), près de...... à quelque distance de..... — *ou bien* sur ce
que nous avons appris qu'un individu suspect et inconnu était
à (*indiquer le lieu*), chez (*le nom de l'aubergiste ou du citoyen*)
nous nous y sommes rendus ; et là] nous avons trouvé un particulier auquel nous avons demandé, au nom du Roi, et étant
revêtus de nos uniformes, l'exhibition de son passeport, il nous
a répondu qu'il n'en avait point (*s'il a un passeport et qu'il
ne paraisse pas régulier ou qu'il paraisse faux, on mettra :* il
nous l'a exhibéà l'instant, et après l'avoir lu , nous avons remarqué
ou que le signalement ne se rapportait pas avec celui du porteur,

ou que les signatures paraissaient fausses , etc.) *il faudra indiquer sommairement ce qui paraît irrégulier dans le passeport ; — si le particulier refusait son passeport, il faudrait en faire mention*]. Interpellé de dire ses nom, prénoms, âge, état et domicile, il a répondu (*relater sa réponse*) : sur ce, voyant que ledit (*répéter le nom de l'individu*) était en contravention, nous nous sommes assurés de sa personne, et nous l'avons de suite conduit devant le juge de paix du canton de (*indiquer le nom du canton*), dans l'étendue duquel il a été trouvé.

Fait et clos le présent procès-verbal, pour être remis audit juge de paix ; un extrait en sera adressé au capitaine commandant de la gendarmerie du département.

A (*le lieu où se fait le procès-verbal*), les jour, mois et an que dessus. (*Signatures.*)

Nota. On suivra cette formule avec les changemens convenables, pour l'arrestation d'un étranger voyageant avec un passeport qui ne serait pas conforme aux dispositions prescrites par les ordonnances.

10.ᵉ FORMULE.

PROCÈS-VERBAL *d'arrestation d'un individu frappé d'un mandat d'arrêt ou d'une ordonnance de prise-de-corps.*

(*Suivre la précédente formule jusqu'à ces mots exclusivement :* auquel nous avons demandé l'exhibition de son passeport) , un particulier que nous avons reconnu être le nommé (*le nom, le prénom, l'âge, l'état et le domicile du particulier*), contre lequel il existe un mandat d'arrêt (*ou* une ordonnance de prise-de-corps), décerné le (*la date*), par le juge de paix du canton de (*le nom du canton*), [*ou* par le Procureur du Roi de (*le nom de l'arrondissement*) *s'il s'agit d'une ordonnance*] ; nous l'avons en conséquence saisi au nom du Roi , et nous l'avons conduit devant Monsieur (*le nom du juge de paix*), juge de paix du canton de (*le nom du canton*), pour être pris à son égard les mesures ordonnées. [*Si le prévenu est arrêté dans le canton du juge de paix qui a décerné le mandat d'arrêt, les gendarmes le conduisent directement à la maison d'arrêt ; et dans le procès-verbal on met :* et nous l'avons conduit directement à la maison d'arrêt établie près du Procureur du Roi de (*le nom de l'arrondissement*).

Fait et clos à (*le lieu où se rédige le procès-verbal*), les jour, mois et an que dessus. (*Signatures.*)

11.ᵉ FORMULE.

PROCÈS-VERBAL *d'arrestation d'un évadé des fers ou des prisons.*

Cejourd'hui , etc. *Suivre le commencement des deux précédentes formules*; *et au lieu de ces mots*, contre lequel il existe , etc., *on mettra ce qui suit :* Lequel ayant été condamné aux fers, et y ayant été conduit, ne nous a pas justifié qu'il était porteur de l'acte légal constatant sa sortie du bagne et l'expiration de sa peine ; nous l'avons, en conséquence , saisi et arrêté au nom du Roi , et nous l'avons conduit devant le préfet du département de (*le nom du département*), *ou* le sous-préfet de l'arrondissement communal de (*le nom de l'arrondissement*), pour qu'il soit pris ensuite les mesures convenables à l'effet de le reconduire au bagne d'où il s'est évadé.

Fait et clos à (*le lieu où se dresse le verbal*), les jour , mois et an que dessus.　　　　　　　　　　　(*Signatures.*)

Nota. S'il s'agit d'un évadé des prisons, on suivra la formule précédente, en faisant les légers changemens que les circonstances et la nature de la peine nécessiteront.

12.ᵉ FORMULE.

PROCÈS-VERBAL *d'arrestation d'un individu dont le signalement a été donné à la gendarmerie.*

Cejourd'hui, etc. (*suivre le commencement de la formule n.° 9 , jusqu'à ces mots exclusivement :* Sur ce , voyant , etc.)
Après avoir ensuite examiné attentivement le signalement du nommé (*le nom du signalé*), et l'avoir comparé avec celui de l'individu présent, nous avons reconnu qu'il y avait identité parfaite ; nous avons aussi remarqué que les noms étaient semblables : en conséquence, nous nous sommes assurés de la personne dudit (*relater le nom de l'individu qu'on arrête ; — si le nom que l'individu arrêté a déclaré n'est pas conforme à celui du particulier dont la gendarmerie a le signalement, au lieu de* nous avons reconnu que le nom; etc., *on mettra*, et malgré qu'il n'y ait pas identité de nom, nous nous sommes cependant assurés, etc.)*, et nous l'avons conduit devant le juge de paix du canton de (*le nom du canton*), dans l'étendue duquel il a été trouvé.

Fait et clos à (*le nom du lieu*), les jour , mois et an que dessus.
　　　　　　　　　　　　　　　(*Signatures.*)

13.ᵉ **FORMULE.**

*. LÉGION.   *GENDARMERIE ROYALE.*

PROCÈS - VERBAL
d'arrestation d'un déserteur,
faite par la gendarmerie.

Compagnie du département d

BRIGADE d

CEJOURD'HUI   *du mois*
d   *an*   *heure*
du   , nous
de la brigade de la gendarmerie à la rési-
dence d   département d
avons rencontré
né à   département d
le   du mois d   an
taille d'un mètre   millimètres, cheveux
et sourcils   front   yeux
nez   bouche   menton
visage   ayant pour marque dis-
tinctive   le soupçonnant dé-
serteur d'après

l'avons arrêté et conduit au chef-lieu de la
résidence où nous l'avons interrogé en ces
termes :

INTERROGATOIRE.   RÉPONSES.

Êtes-vous militaire ?. . . . {

De quel corps êtes-vous ? . {

Où avez-vous quitté votre {
corps ?

A quelle époque avez-vous {
déserté ?

*Sur quoi nous l'avons constitué prisonnier, pour être conduit
à   pour être remis à la disposition
de M. le Capitaine de la gendarmerie.*

Vu par moi, Capitaine de gendarmerie du département d
             qui atteste que l'homme désigné au procès-verbal
ci-dessus a été dirigé sur

14.ᵉ FORMULE.

PROCÈS-VERBAL *pour constater des violences, voies de fait, et
toute attaque contre la gendarmerie.*

Cejourd'hui (*la date, le mois et l'année*), heure de (*heure
du matin ou du soir*), à (*le lieu*), canton de [*le canton*], département de [*le département*], nous [*les prénoms, noms et
grades des gendarmes*]; gendarmes à la résidence de [*la résidence*].

*Ici les gendarmes énonceront comment et pourquoi ils étaient
en fonctions; s'ils étaient ou non assistés par la garde nationale
ou par la troupe de ligne; s'ils assuraient l'exécution des lois,
des jugemens, ordonnances ou mandemens de justice ou de
police; s'ils étaient appelés pour dissiper des émeutes populaires
ou attroupemens séditieux, et saisir les chefs, auteurs et instigateurs de l'émeute ou de la sédition; enfin, s'ils conduisaient
des détenus ou des condamnés. Si l'opération dans laquelle les
gendarmes sont troublés et attaqués, rentre dans un des cas
prévus par l'une des formules précédentes, il faudra suivre cette
formule en la fondant dans celle-ci.*

Se sont alors présentés à nous plusieurs individus [*dire si on
les connaît ou si on ne les connaît pas, ou si on en connaît une
partie*] lesquels nous ont injurié en nous traitant [*citer ici les
propos injurieux proférés*]; ils nous ont fait aussi différentes me-
naces [*dire si c'est avec des bâtons, des armes blanches ou à
feu, avec le poing ou de quelqu'autre manière*] : nous avons
aussitôt sommé les attroupés de se séparer et de se retirer paisiblement, en leur annonçant que nous étions disposés à repousser
la force par la force, et à ne pas abandonner le terrain [*ni les*

particuliers ou objets confiés à notregarde]. Ils n'ont pas tenu
compte de nos avertissemens ; au contraire, quelques-uns d'eux
ont saisi la bride de nos chevaux ; d'autres ont frappé [*indiquer
comment et sur quoi on a frappé*] ; des coups de feu ont été tirés
sur nous, le sieur *ou* les sieurs [*tels et tels*] ont été tués [*ou
blessés*] ; des pierres ont été lancées.

    Il faudra aussi détailler l'attaque avec toutes ses circonstances.

    Voyant qu'il nous était impossible de défendre le terrain que
nous occupions, les postes ou personnes qui nous avaient été
confiés, sans développer la force des armes pour vaincre la résis-
tance qui nous était opposée [*ou bien* voyant que des violences
ou des voies de fait étaient exercées contre nous-mêmes], nous
avons à l'instant prononcé à haute voix la formule, FORCE A LA
LOI ; et de suite nous [*détailler ici les mesures militaires em-
ployées : dire si l'on a fait feu, si l'on a dissipé les assaillans,
si quelques-uns sont demeurés sur le carreau, si d'autres ont été
blessés ou arrêtés ; indiquer le nom et le domicile de ceux-ci ;
rapporter si les gendarmes ont été obligés de se retirer, s'ils ont
abandonné les individus ou les convois ou les malles qu'ils conduisaient, s'il y a eu des tués ou des blessés parmi eux ; en un
mot, il faut récapituler tout ce qui a été fait dans le combat et
à la suite, sans oublier les remarques faites avant, pendant et
après l'action, sur tels ou tels individus connus ou désignés par
leurs signalemens*].

    Nous avons alors fait inviter le juge de paix du canton [*ou en
cas d'absence*, le maire, l'adjoint *ou* le commissaire de police de
la commune] à se transporter sur les lieux pour constater les faits
avec leurs circonstances ; nous avons pris des précautions pour
faire conduire [*soit* à l'hospice, *soit* dans la maison la plus voi-
sine, *soit* à [*le nom de la commune*] les blessés, afin de leur
procurer les secours dont ils avaient besoin. Quant aux individus
arrêtés par nous dans le combat ou dans la déroute, nous nous
en sommes assurés spécialement et au nom du Roi, pour les conduire ou les faire conduire chez le commandant militaire le plus
voisin, pour être procédé à leur égard ainsi qu'il appartiendra.
Les particuliers ainsi arrêtés, d'après les interpellations que nous
leur avons faites, sont les nommés [*indiquer les noms, prénoms,
âge et domicile des individus arrêtés*] ceux qui n'ont pas été

arrêtés, et parmi lesquels nous avons remarqué les nommés [*dire ceux qui ont été remarqués*], seront dénoncés au procureur du Roi près le tribunal criminel, qui les poursuivra immédiatement; à l'effet de quoi une copie du procès-verbal sera envoyée à ce fonctionnaire public ; un extrait en sera adressé au capitaine de la gendarmerie du département, et la minute sera remise au commandant militaire de la division.

Dans le cas où les gendarmes auraient été contraints de se retirer, il faudra, au lieu de mettre ce qui précède, faire mention de leur démarche, de ses suites, et du lieu où ils se sont retirés pour dresser leur procès-verbal.

Fait et clos les jour, mois et an que dessus.
(*Signatures.*)

15.ᵉ FORMULE.

PROCÈS-VERBAL *pour le cas où une émeute populaire a été réprimée ou dissipée par arrêté du préfet du département ou du sous-préfet d'un arrondissement communal, sous la direction d'un officier civil.* (Art. 232 de la loi du 28 germinal de l'an 6 sur la gendarmerie.)

Cejourd'hui, etc. etc., nous [*les noms, prénoms et grades des gendarmes présens*], gendarmes à la résidence de [*le nom de la résidence*], rassemblés par ordre de Monsieur [*le nom de l'officier et son grade*] en vertu d'un arrêté du préfet du département de, ou du sous-préfet de l'arrondissement communal de], dont il a été donné lecture, et qui porte en substance [*résumer les dispositions de l'arrêté*], nous nous sommes rendus armés et en uniforme à *ou* sur [*le lieu du rendez-vous*]; et là nous avons trouvé Monsieur [*le nom de l'officier civil*] revêtu de son costume, lequel s'étant placé à notre tête, nous a conduits [*s'il y a d'autres troupes on mettra ici*, ainsi que les militaires de la garde nationale ou de la troupe de ligne rassemblés avec nous], à la rencontre des individus attroupés et ameutés, [*ou bien, suivant le cas*], nous a conduits, etc. vers [*indiquer le quartier de la commune*] de la commune où se trouvent les individus attroupés]; et étant parvenus tous en ce lieu, *ou* à [*mettre le nom du quar-*

tier], l'officier civil a prononcé à haute voix ces mots : « OBÉIS-
» SANCE A LA LOI; on va faire usage de la force, que les bons
» citoyens se retirent ». Il a répété la même formule une seconde
fois; il l'a réitérée une troisième et dernière fois, et les citoyens
se sont retirés paisiblement [*dire de quelle manière les citoyens
se sont retirés, si c'est à la première, à la seconde ou à la dernière sommation*].

Si à la troisième sommation les attroupés ne se séparent pas,
l'administrateur ordonne le déploiement de la force armée; il se
retire ensuite, et les chefs militaires agissent : ou bien, si la force
armée est assaillie et attaquée de manière à ce que l'officier civil
ne puisse pas faire les proclamations ordonnées, on repousse la
force par la force; l'on agit ainsi qu'il est dit dans la formule
précédente, et alors on fait mention de toutes les circonstances
ci-dessus détaillées; on rédige ensuite le reste du procès-verbal,
en prenant pour modèle ladite formule, à partir du moment de
l'attaque, et en supprimant tout ce qui est étranger à l'espèce.

Si néanmoins les attroupés n'étaient point armés, au lieu de
suivre la précédente formule, on rédigerait la fin du procès-verbal
ainsi qu'il suit : — On détaillera la manière dont la force armée
a été déployée, ses suites et ses résultats, puis on ajoutera :
L'attroupement ainsi dissipé, nous avons fait inviter le juge de
paix [*ou le commissaire de police, en cas d'absence*] à se transporter sur les lieux, afin de constater les faits et leurs circonstances, et ledit juge de paix étant survenu, nous avons clos notre
procès-verbal, qui lui sera remis, et dont un extrait sera envoyé
au capitaine de la gendarmerie du département.

   Fait, etc.   (*Signatures.*)

Nota. Ce procès-verbal se rédige indépendamment de celui de l'officier civil.
   Lorsque la gendarmerie dissipe un attroupement, si elle n'est pas accom-
pagnée d'un officier civil, elle doit, immédiatement après ses opérations,
en rendre compte aux préfets des départemens et aux sous-préfets des arron-
dissemens communaux.

OBSERVATIONS GÉNÉRALES.

   Toutes les formules précédentes sont indépendantes des feuilles
de service dont les gendarmes doivent être porteurs, des carnets
sur lesquels ils se donnent mutuellement des décharges, et des

extraits qu'ils doivent adresser au capitaine de la gendarmerie du département.

Lorsque les gendarmes iront dans les maisons, pendant le jour, pour y exécuter les ordres des autorités constituées, et qu'on leur refusera l'ouverture des portes, ou lorsqu'ils penseront qu'il est nécessaire de faire ouvrir des armoires dans lesquelles peuvent être cachés les individus qu'ils sont chargés d'arrêter, ils requerront le juge de paix ou le commissaire de police de venir ordonner les ouvertures, suivant l'article 108 du code des délits et des peines.

Lorsqu'un individu sera caché la nuit dans une maison et qu'il s'agira de l'arrêter, les gendarmes garderont les environs de la maison jusqu'au jour, afin de s'assurer au besoin de la personne du prévenu, s'il venait à sortir; et au jour, ils entreront dans la maison.

Lorsque la gendarmerie sera assistée dans ses opérations, elle en fera mention.

Les officiers, sous-officiers et gendarmes se rappelleront toujours que les formules qui leur sont données, en vertu de la loi, sont moins des cadres parfaits que des modèles, dans lesquels ils devront faire les changemens et les additions nécessités par les circonstances particulières dans lesquelles ils se trouveront, et qu'il est impossible de prévoir toutes.

Les événemens extraordinaires de nature à compromettre la tranquillité publique, la sûreté des personnes et des propriétés, dont les commandans des brigades doivent donner directement, et dans les 24 heures, connaissance à leurs Ex. les Ministres de la guerre et de la police, en rendant compte également au capitaine commandant la compagnie, sont principalement : les vols avec effraction commis par des brigands attroupés au nombre de plus de deux, de jour ou de nuit.

Les crimes d'incendie et d'assassinat.

Les attaques et pillages des voitures publiques ou particulières, des courriers du Gouvernement, des malles, des voitures chargées des deniers du trésor royal ou de munitions de guerre.

L'enlèvement et le pillage des caisses publiques ou des magasins militaires.

Les arrestations d'embaucheurs, d'espions, la saisie de leurs correspondances et de toutes autres pièces et documens qui peuvent

6

donner des indices et fournir des preuves sur des crimes et complots attentatoires à la sûreté intérieure et extérieure de l'État.

Les exportations de grains à l'Étranger, lorsqu'elles sont défendues.

Les provocations à la révolte contre le gouvernement du Roi.

Les pillage des grains ; les attroupemens séditieux pour empêcher la libre circulation des subsistances.

Les émeutes populaires.

Les découvertes d'atteliers et d'instrumens servant à fabriquer la fausse monnaie ; les arrestations de faux monnoyeurs.

Les enlèvemens, à main armée, d'hommes, d'argent, de chevaux, de bestiaux, de grains et autres denrées par des rebelles ou autres brigands.

Les assassinats tentés ou consommés sur des fonctionnaires publics.

Les attroupemens armés ou non armés, qualifiés séditieux par les lois.

Les distributions d'argent, de vin, de liqueurs enivrantes, et autres manœuvres tendant à favoriser la désertion, à ébranler la fidélité de la troupe et à lui faire déserter ses drapeaux pour la faire passer à l'ennemi, à l'étranger ou aux rebelles.

Les attaques dirigées et exécutées contre les prisons ou contre la force armée chargée des escortes de deniers ou voitures publiques et des transfèremens, et pour enlever les prisonniers, prévenus ou condamnés.

Les rassemblemens, excursions et attaques de brigands réunis et organisés en bandes, abattant les arbres, arrachant les vignes, et pillant les propriétés.

Les cadavres trouvés soit sur les chemins, soit dans la campagne, soit dans l'eau ou sur ses bords.

Et généralement tous les événemens extraordinaires qui, quoiqué n'étant pas prévus par le présent article, exigent des mesures très-promptes et décisives soit pour prévenir le désordre, soit pour le réprimer.

PROTOCOLE

POUR SON EXC. LE MINISTRE DE LA GUERRE.

GENDARMERIE ROYALE.   *A*   *le*   18

Pyrénées orientales.

2.me DIRECTION.

Bureau du service
de la Gendarmerie royale.

Le Lieutenant, ou le Maréchal-des-logis,
ou Brigadier à cheval ou à pied à la
résidence de
arrondissement de

A Son Excellence Monseigneur le Ministre et Secrétaire
d'état au département de la guerre.

MONSEIGNEUR;

Dans le jour [ou la nuit] du . . . . à . . . . . . heures
[exposer ici avec précision et clarté l'événement extraordinaire
dont on rend compte, les circonstances qui ont précédé, accom-
pagné et suivi; dire si les auteurs, fauteurs, instigateurs et com-
plices du crime ont été saisis; quelles sont les poursuites et les
recherches qui ont été faites pour les découvrir et arrêter; les
lieux où l'on présume qu'ils se sont réfugiés; leur domicile présumé ou connu; les intelligences qu'ils peuvent avoir dans le pays;
et enfin présenter la série exacte de tous les renseignemens qui
auront été recueillis sur les événemens qualifiés extraordinaires. Si
des correspondances ou autres pièces de conviction ont été saisies,
dire entre les mains de qui le dépôt en a été fait après inventaire
préalable].

Je m'empresse de rendre compte directement à Son Excellence,
dans les 24 heures, de cet événement, dont j'ai rendu compte en
même-temps à M . . . . mon chef immédiat.

Je suis avec respect, MONSEIGNEUR,
De Son Excellence :

Le très-humble et très-obéissant
serviteur ,
Suit la signature.

Même protocole pour Son Excellence le Ministre de la
police générale.

Si ce n'est *qu'à la marge* au-dessous des mots : Gendarmerie royale et Pyrénées orientales, l'on met ces mots
au lieu de 2.ᵉ direction, etc.
Compte rendu de tel ou *tel événement.*

PROTOCOLE

Pour rendre compte ou faire une demande à son Chef.

MON BRIGADIER,

[Ou mon Maréchal-des-logis],
[Ou mon Lieutenant],
[Ou mon Capitaine].
J'ai l'honneur de vous rendre compte, etc.
[Ou je vous prie de vouloir bien, etc.]

J'ai l'honneur d'être avec respect,

Mon Brigadier,
[Ou mon Maréchal-des-logis],
[Ou mon Lieutenant],
[Ou mon Capitaine],

*Votre très-humble et très-
obéissant serviteur.*

N... (Mettre son titre).